BEI GRIN MACHT SICH WISSEN BEZAHLT

- Wir veröffentlichen Ihre Hausarbeit,
  Bachelor- und Masterarbeit

- Ihr eigenes eBook und Buch -
  weltweit in allen wichtigen Shops

- Verdienen Sie an jedem Verkauf

Jetzt bei www.GRIN.com hochladen und kostenlos publizieren

Christian Runge

IT-Asset-Management. Welche Software und Datenverwaltung für IT-Objekte ist zweckmäßig?

GRIN Verlag

Bibliografische Information der Deutschen Nationalbibliothek:

Die Deutsche Bibliothek verzeichnet diese Publikation in der Deutschen National-
bibliografie; detaillierte bibliografische Daten sind im Internet über http://dnb.d-
nb.de/ abrufbar.

Impressum:

Copyright © 2004 GRIN Verlag GmbH
Druck und Bindung: Books on Demand GmbH, Norderstedt Germany
ISBN: 978-3-638-65287-2

Dieses Buch bei GRIN:

http://www.grin.com/de/e-book/35010/it-asset-management-welche-software-und-
datenverwaltung-fuer-it-objekte

GRIN - Your knowledge has value

Der GRIN Verlag publiziert seit 1998 wissenschaftliche Arbeiten von Studenten, Hochschullehrern und anderen Akademikern als eBook und gedrucktes Buch. Die Verlagswebsite www.grin.com ist die ideale Plattform zur Veröffentlichung von Hausarbeiten, Abschlussarbeiten, wissenschaftlichen Aufsätzen, Dissertationen und Fachbüchern.

Besuchen Sie uns im Internet:

http://www.grin.com/

http://www.facebook.com/grincom

http://www.twitter.com/grin_com

Fachhochschule Hochschule
Pforzheim für Gestaltung
Technik und
Wirtschaft

Pforzheim University
of Applied Sciences

Fachhochschule Pforzheim

Hochschule für Gestaltung, Technik

und Wirtschaft

Studiengang:

Betriebswirtschaft / Wirtschaftsinformatik

Seminar „Organisation und Informationssysteme"

Sommersemester 2004

Thema 1.3

IT-Asset-Management - welche Software und

Datenverwaltung für IT-Objekte ist zweckmäßig?

Verfasser:

Christian Runge
Student an der Fachhochschule Pforzheim
7. Semester

Abgabetermin: 17.06.2004

Inhaltsverzeichnis

1 Einleitung

Den Software-Lösungen zur Unterstützung des IT-Asset-Management werden in den kommenden Jahren eine steigende Nachfrage prognostiziert. Unstrittig ist, dass die IT-Ausgaben insgesamt in den kommenden Jahren steigen werden. Die IT-Ausstattung ist schon oder wird zu einem Wettbewerbsfaktor für Unternehmen. Lange war es gang und gäbe, die IT-Abteilung als „heilige Kuh" zu betrachten, was dazu führte, dass die Investitionen in die IT-Ausstattung nicht so kritisch geprüft wurden, wie es sonst bei Investitionen angebracht sein sollte. Die Folge ist, dass heutzutage in manchen Unternehmen eine heterogene IT-Infrastruktur vorhanden ist. Im Zuge der Globalisierung und des sich verschärfenden Kostendrucks in vielen Branchen müssen IT-Abteilungen in Unternehmen ihre Kosten offen legen und ihren Anteil zu den Erträgen des Unternehmens herausfiltern. Laut einer Studie von 1997 sind zehn Prozent der unternehmensweiten Ausgaben für Hard- und Software ineffizient und unnötig. In konkreten Zahlen ausgedrückt: Unternehmen haben in der Summe ca. 66 Milliarden Dollar vergeudet. [1]

Damit gewinnt ein Gebiet an Bedeutung, dass auch die kaufmännische Seite berücksichtigt – die effiziente Verwaltung des IT-Bestandes. Eines der Ziele dieses Managementprozesses ist es, Kostentransparenz und verursachungsgerechte Verrechnung der IT-Objekte herzustellen. Mit dem Ansatz des IT-Asset-Management gewinnt ein Bereich der Informationstechnologie immer mehr an Bedeutung, der das Ziel hat, den vorhandenen IT-Bestand aber auch künftige Anschaffungen unter verschiedenen Gesichtspunkten zu optimieren.

In dieser Arbeit soll im zweiten Kapitel zunächst vorgestellt werden, was man unter den Teilbegriffen und schließlich dem Gesamtbegriff "IT-Asset-Management" versteht im Zusammenhang mit dem ITIL-Modell. Daran anschließend wird dargestellt, wie die Ziele und Aufgaben des IT-Asset-Management definiert sind. In Kapitel vier wird die Einführung des IT-Asset-Management und die damit verbundenen Problembereiche diskutiert Anschließend wird ein Software-Konzept von der Firma HAITEC AG vorgestellt, ehe das Fazit diese Arbeit abrundet.

---

[1] vgl. Chae, Asset Management 1

2 IT-Asset-Management

2.1 Die Informationstechnologie (IT)

Die Informationstechnologie (IT) umfasst „alle technischen und organisatorischen Mittel zur Unterstützung der Beschaffung, Verarbeitung, Speicherung, Übertragung und Bereitstellung von Informationen." [2] Ein IT-System stellt demnach die „Gesamtheit der technischen und organisatorischen Komponenten und ihrer Beziehungen dar, die zur Unterstützung der Informationswirtschaft eines Unternehmens notwendig sind." [3] Konkreter besteht ein IT-System somit aus Hard- und Software sowie weiteren Organisationskomponenten. [4]

2.2 IT-Assets

Assets (engl. für Aktivposten, Aktiva) stellen im Allgemeinen Anlagegüter dar, die als Aktivposten in die Bilanz eingestellt werden. Bezogen auf die Informationstechnologie unter Verwendung der Definition in Kapitel 2.1 kann man IT-Assets zum einen als die Gesamtheit der Computer inklusive der Netzwerke ansehen. Hierzu gehören demnach Komponenten eines Computers wie z.B. Festplatten, Prozessoren, aber auch weiteres Zubehör wie DVD-ROM-Laufwerke und Monitore. Zu den Netzwerk-Assets gehören etwa Hubs, Switches und Router. Des weiteren wird auch die Gesamtheit der Software zu den IT-Assets gezählt, also unter anderem Betriebssysteme, erworbene und selbst entwickelte Software, aber auch Wartungs-Verträge, Software-Lizenzen und Help-Desk-Verträge.

2.3 Management (der IT-Assets)

Die Grundaufgaben des Managements sind vielfältig: Planen, Überwachen, Steuern, Entscheiden und Organisieren sind nur einige Schlagwörter zu den zahlreichen Funktionen des Managementprozesses. Dem Begriff Management kann auch in der Unterteilung funktionell und institutionell begegnet werden.

---

[2] vgl. Gernert u.a., IT-Management, S. 52
[3] vgl. Gernert u.a., IT-Management, S. 52
[4] vgl. Gernert u.a., IT-Management, S. 52

Die institutionelle Sicht betrachtet das Unternehmen als Einheit und umfasst alle Personen, die eine Leitungsfunktion ausüben. Aus funktioneller Sicht wird des weiteren unterteilt in strategische und operative Tätigkeiten. Im IT-Asset-Management sind die Management-Funktionen überwiegend in den operativen Tätigkeiten zu sehen. Erst durch die Gewinnung von Informationen aus den Verwaltungsdaten des IT-Asset-Management lassen sich strategische Ziele definieren.

2.4 IT-Asset-Management

Bezogen auf das Management des IT-Assets bedeutet „managen" die Verrechnung und Verwaltung eines IT-Assets über seinen gesamten Lebenszyklus. Diesen Zyklus soll die folgende Abbildung verdeutlichen. Ein IT-Asset wird in einem Lebenszyklus-Modell dargestellt, das von dem Bedarf (Requisition), über die Beschaffung (Procurement), Installation bzw. Einsatz (Deployment), Instandhaltung bzw. Wartung (Maintenance) bis zur Entsorgung (Retirement) reicht.[5]

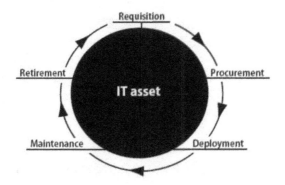

Abbildung 1: Der IT-Asset Lebenszyklus[6]

Es ist ersichtlich, dass das IT-Asset-Management nicht nur die IT-Abteilung berührt. Die oberste Führungsebene möchte etwa Informationen zur Budgetierung vorliegen

---

[5] vgl. Express Metrix White Paper
[6] vgl. Express Metrix White Paper

haben, die Mitarbeiter der verschiedenen Abteilungen werden bei Neuanschaffungen mit der Hard- oder Software umgehen müssen oder aber die Prozesse in der Beschaffung werden sich ändern. Natürlich wird die Einführung eines IT-Asset-Management in besonderem Maße aber die IT-Abteilung betreffen: Unter anderem werden Netzwerk-Administratoren und der Help Desk mit diesem System arbeiten. [7]

Aus kaufmännischer Sicht ermöglichen Lösungen im IT-Asset-Management die systematische Planung, Erfassung, Zuordnung und Auswertung der IT-Assets. Zudem realisiert das IT-Asset-Management die ordnungsgemäße und effiziente Abwicklung der operativen Prozesse des IT-Asset Lebenszyklus. Es sind daher auch Marktvergleiche und das Benchmarking möglich. [8]

Das IT-Asset-Management stellt eine Untermenge des ITIL-Modells dar. Dieses stellt einen „de facto"-Standard für das IT-Service-Management dar. Ende der Achtziger Jahre hat die britische CCTA (Central Computer & Telecommunications Agency) diesen Standard erarbeitet. Dieser Standard „beinhaltet eine umfassende und öffentlich verfügbare fachliche Dokumentation zur Planung, Erbringung und Unterstützung von IT-Serviceleistungen". [9] Er beinhaltet allerdings kein Kochrezept für das IT-Service-Management, sondern beschreibt Module, die auf praxiserprobten Verfahren, den „best practice"-Fällen beruhen. „Damit lassen sich IT-Prozesse standardisiert und geordnet durchführen. Dies führt zu effizienterem Einsatz der IT-Ressourcen und einer besseren Qualität der IT-Service-Leistungen. Bei ITIL sind alle IT-Service-Prozesse sinnvoll miteinander verzahnt." [10]

Als interdisziplinäres Modul bedient sich das IT-Asset-Management anderer Disziplinen des ITIL. Den Hauptteil des IT-Asset-Management macht das Configuration Management aus, dass die Verwaltung aller Komponenten und Systeme der IT-Infrastruktur zur Aufgabe hat. In der nachfolgenden Abbildung werden die ITIL-Architektur dargestellt.

---

[7] vgl. Express Metrix White Paper
[8] vgl. Greutmann, Asset Management, S. 26
[9] vgl. Gora u.a., Informations Management, S. 186 f.
[10] vgl. Siepe u.a., ITIL strukturiert Prozesse

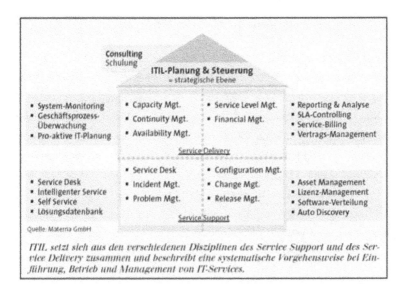

Abbildung 2: Die ITIL-Architektur [11]

Anhand dieses Modells werden im nun folgenden Kapitel die einzelnen Aufgaben des IT-Asset-Management erläutert, diesem vorangestellt sind die Ziele des IT-Asset-Management. Es wird außerdem dargestellt, dass Interdependenzen zwischen den einzelnen Management-Aufgaben bestehen und daher die Grenzen zwischen den Aufgaben manchmal fließend sind.

---

[11] vgl. Siepe u.a., ITIL strukturiert Prozesse

3 Die Aufgaben und Ziele des IT-Asset-Management

In einer Studie vom Juli 2002 mit Verantwortlichen von IT-Abteilungen in Großunternehmen mit mehr als 500 Mitarbeitern haben 43 Prozent der Befragten angegeben, dass das IT-Asset-Management in ihren Abteilungen zu eine der wesentlichen Aufgabenstellungen zählt. Das zeigt, dass das Thema in den Unternehmen eine wichtige Rolle einnimmt. Die Verantwortlichen fordern von ihren technischen Leitern eine Erfolgskontrolle. Derzeitige Konsolidierungsphasen sollen auch für Kostenstraffungsprojekte genutzt werden. Das zeigt sich in dieser Studie auch daran, dass aktuelle E-Commerce-Themen wie das Customer Relationship Management (CRM) oder das Supply Chain Management (SCM) derzeit nicht zu den wichtigsten Aufgabenstellungen gehören. IT-Leiter kümmern sich mehr um die IT-Konsolidierung im eigenen Unternehmen. [12]

Unternehmen sehen durchaus die Notwendigkeit, ihre eigenen Probleme zu lösen, doch im Bereich des IT-Asset-Management zeichnet die Studie ein anderes Bild. Trotz gestiegener Nachfrage nach IT-Asset-Management-Lösungen haben sich 29 Prozent der Befragten noch nicht mit dem Thema auseinander gesetzt, ein Fünftel gab an, derzeit nicht mit einer IT-Asset-Management-Lösung zu planen. Auch mit der verursachungsgerechten Verteilung der Kosten für IT-Leistungen nehmen es die Unternehmen nicht so genau. Mehr als die Hälfte (51 Prozent) der Befragten gab an, die Verrechnung noch mit Hilfe von Excel-Tabellen durchzuführen. Zahlreiche Unternehmen nutzen zudem mehrere Quellen zur Kostenverteilung. Die Folge ist ein dementsprechend höherer Aufwand der Leistungserfassung. [13]

Die Akzeptanz ist also im Allgemeinen vorhanden, doch welche Argumente sprechen für die Einführung einer IT-Asset-Management-Lösung? Wie kann die Unternehmensleitung davon überzeugt werden, dass die Einführung eines Systems für das Unternehmen eines höheren Nutzen bedeutet?

---

[12] vgl. Greutmann, Asset Management, S. 27
[13] vgl. Greutmann, Asset Management, S. 27 f.

3.1 Ziele des IT-Asset-Management

An vorderster Stelle steht das Ziel der Kostenreduktion und damit ein hoher Return on Investment (ROI) bzw. Total Cost of Ownership (TCO). Der ROI misst die Kapitalrendite der IT-Einheiten auf der Basis des investierten Kapitals, meist über einen gewissen Zeitraum. Bei IT-Assets ist der Lebenszyklus nach allgemeiner Auffassung drei Jahre lang und bildet somit den Zeitraum, in dem eine Rendite des investierten Kapitals erreicht werden sollte. Ansonsten ist die Rendite negativ. Der TCO hingegen misst die gesamten Kosten der IT-Assets, über Kauf, Installation, Verwaltung und Wartung. Die Kosten für Hard- und Software werden in absoluten Zahlen gemessen, um nachzuprüfen, wie viel eine Einheit über seinen Lebenszyklus gekostet hat. Ein Gesamtvergleich gleicher Einheiten verschiedener Hersteller wäre hiermit möglich, während der ROI den Anteil dieser IT-Einheit zum Erfolg des Unternehmens anzeigt.

Die Rentabilität und damit die Produktivität der Hard- und Software soll gesteigert werden. Dies wird dadurch erreicht, dass die Kosten für die IT-Infrastruktur transparenter gemacht und deren Verwendung offen gelegt wird. Mit einem IT-Asset-Management-System ist es schließlich nach der Einführung möglich, die Kosten für Hard- und Software präzise zu kalkulieren und budgetieren. [14] Dennoch kann eine allgemeine Aussage über das Einsparpotential der Firmen nicht grundsätzlich getroffen werden. Schließlich sind einige Branchen IT-lastiger als andere (z.B. Banken). Das Einsparpotential verringert sich dementsprechend, je weniger Hard- und Software eingesetzt wird.

Es wird geschätzt, dass ein PC zwar rund 3.500 Dollar kostet, der Gesamtpreis sich aber durch Schulungen, Administration und technischem Support auf ca. 30.000 Dollar erhöht. Weiterhin geht die Studie der „The Gartner Group" davon aus, dass etwas 40 Prozent der Kosten auf die harten Kosten wie die Anschaffung der Hard- und Software entfallen. Für die IT-Asset-Management-Lösung bleiben daher noch 60 Prozent, die optimiert werden können. Diese stellen die „weichen" Kosten, wie Verträge, Betreuung oder Verwaltung dar. Wie wichtig mittlerweile das Einsparpotenzial ist, belegt die

---

[14] vgl. Express Metrix White Paper

Tatsache, dass viele Firmen erwägen, einen IT-Asset Manager einzustellen, oder dies bereits getan haben. [15]

In einer weiteren Studie wurde zudem heraus gefunden, in welchen Rahmen sich das Einsparpotenzial bewegt. Relativ gesehen ließen sich die Kosten für einen PC um 13 Prozent senken. In absoluten Zahlen ausgedrückt entspricht dies einer Einsparung von 4.880 bis 5.593 Dollar pro Computer. Schätzungen gehen sogar davon aus, dass sich die Einsparungen in einem Rahmen von 20 bis 40 Prozent bewegen. [16] Als einige Beispiele für Einsparungen seien erwähnt: Vermeidung von Wartungsarbeiten für ungenutzte Software und redundanter Anschaffungen für Hard- und Software sowie neue Verhandlungen für Software-Lizenzen durch eine bessere Verhandlungsposition.

Mit einem IT-Asset-Management-System lassen sich zudem Veränderungen besser realisieren. Durch die Übersicht der vorhandenen Hard- und Software-Installationen fällt der Umstieg auf andere Betriebssystem-Plattformen oder technische Änderungen leichter. So kann geplant werden, welche Computer ein Software- oder Hardware-Update brauchen und somit den Umstieg der Nutzer der PCs erleichtern und die Wartezeit der Nutzer nach der Umstellung minimieren. [17]

Ein weiteres Ziel des IT-Asset-Management ist die Erhöhung der Produktivität der Mitarbeiter, die mit einem Inventar der IT-Assets erreicht werden kann. Die Minimierung der Wartezeiten der Anfragenden wird dadurch erreicht, dass der Help Desk zu jeder Zeit weiß, welcher PC wo steht und wie er konfiguriert ist. Dazu ist es in einigen Fällen nicht nötig, das Problem direkt vor Ort zu beheben, sondern direkt über das Netzwerk. Das führt auch zu einem weiteren Vorteil einer IT-Asset-Management-Lösung. Die Produktivität der PC-Nutzer kann dadurch erhöht werden, dass genau abgestimmte Software auf der Maschine vorhanden ist und die Zeit nicht durch die Verweigerung eines Zugriffs auf bestimmte Software vergeudet wird. [18]

Zusammenschlüsse und Unternehmenskäufe nehmen in der Zeit der Globalisierung zu. Diese Ereignisse bedeuten auch für die beteiligten IT-Abteilungen der Unternehmen eine große Herausforderung. Mit einem geeigneten IT-Asset-Management-System

---

[15] vgl. McCarrell, Business Journal
[16] vgl. Express Metrix White Paper
[17] vgl. Chae, Asset Management 2
[18] vgl. Express Metrix White Paper

können die vorhandenen IT-Einheiten zusammen geführt und Redundanzen bzw. nicht genutzte Hard- oder Software aufgefunden werden. Einsparungen können sich auch durch neue Verhandlungen über Software-Lizenzen ergeben, da sich durch einen Zusammenschluss im Allgemeinen die Anzahl der Lizenzen vergrößert und somit auch die Verhandlungsposition verbessert. Ein weiterer Effekt ist, dass damit die Sicherheit gewährleistet ist, dass die beteiligten Unternehmen auch nach Zusammenschlüssen mit der Software arbeiten können und nicht etwa wegen Lizenzvergehen noch zu Geldbußen verurteilt werden. [19]

Zusammenfassend kann ein IT-Asset-Management-System dabei helfen, das Einsparungspotenzial der IT-Infrastruktur aufzuspüren und bei weiteren Aufgaben wie User-Betreuung oder bei Fusionen unterstützend einzuwirken. Es berücksichtigt dabei nicht nur die technischen Aspekte einer IT-Verwaltung, sondern auch die kaufmännische Seite und führt diese in einem ganzheitlichen Modell zusammen.

3.2 Aufgaben des IT-Asset-Management

Das IT-Asset-Management ist daher nicht nur eine einmalige Angelegenheit, sondern ein Prozess, der das IT-Asset über seinen Lebenszyklus begleitet. Dafür stehen mehrere Funktionen zur Verfügung. Abgeleitet aus den Prozessen des ITIL (siehe Abbildung zwei auf Seite sechs), den Zielvorstellungen aus dem vorigen Kapitel und dem Aufbau des IT-Asset-Lebenszyklus ergeben sich folgende unten näher dar-zustellende Aufgaben des IT-Asset-Management:

- Bestands- und Konfigurationsmanagement
- Beschaffungsmanagement
- Lizenzmanagement
- Vertragsmanagement
- Störungs- bzw. Wartungsmanagement
- Change Management
- Finanzmanagement

Trotz dieser recht übersichtlichen Darstellung sind die Grenzen nicht exakt zu definieren. Unter diesen verschiedenen Aufgaben bestehen durchaus Interdependenzen

---

[19] vgl. Express Metrix White Paper

und Verflechtungen. Die Verflechtungen werden in den nachfolgenden Beschreibungen eingearbeitet.

3.2.1 Bestands- und Konfigurationsmanagement

Vor der erfolgreichen Benutzung eines IT-Asset-Management-Systems steht die Erfassung der vorhandenen IT-Assets inklusive ihrer gewählten Attribute. Aber auch neu hinzugekommene IT-Ausstattung wie die Anschaffung von PCs werden von einer IT-Asset-Management-Lösung unterstützt. Es kann damit überprüft werden, ob eine Anschaffung notwendig ist oder ob dieser Asset auch anderweitig aus anderen Orten (bspw. im eigenen Unternehmen) beschafft werden kann. Das Konfigurations-management kann daher Zusammenhänge zwischen IT-Assets aufzeigen. Daher kann diese Management-Funktion auch als die Grundlage des IT-Asset-Management bezeichnet werden, da sie die Datenbasis für die weiteren Vorgänge bereitstellt.

Bestände müssen erfasst und die angeschafften Geräte konfiguriert werden. Mit der Standardisierung der Konfiguration können Arbeitsplätze schneller eingerichtet werden. Zum Einsatz kommen oftmals auch Asset-Discovery-Tools, die automatisch einen Asset identifizieren. Sie ermitteln sämtliche an ein Netzwerk angeschlossene Hard- und Software und gleichen diese mit dem vorhandenen Datenbestand ab. Mit dem Asset-Journaling werden den Assets Attribute zugeordnet, mit denen die Elemente näher beschrieben werden können. [20]

3.2.2 Beschaffungsmanagement

Ein Einsparpotenzial ergibt sich in der Beschaffung durch eine genaue Planung, welche Hard- und Software wann angeschafft werden muss. In Verbindung mit dem Bestandsmanagement lässt sich herausfiltern, ob diese Anschaffungen anderweitig, etwa im eigenen Unternehmen, beschafft werden können. Dadurch lassen sich Einsparungen realisieren, indem mehrere Anschaffungen auch mehrerer Abteilungen gleichzeitig getätigt und somit Preisvorteile durch Rabatte ausgenutzt werden.

Eine gute Datenbank unterstützt zudem die Planung für auszutauschende Hard- und Software, wenn sie etwa veraltet ist. Aber auch gerade für neue Mitarbeiter können bei

---

[20] vgl. Varughese, IT-Management, S. 673

spezialisierter Software Anforderungen für Seminare auftreten. Diese werden mit einer geeigneten Datenbasis geplant und durchgeführt.

3.2.3 Lizenzmanagement

Ein weiterer kostenintensiver Aspekt ist die Verwaltung von Software-Lizenzen. Diese können für Unternehmen einen budgetbelastenden Faktor darstellen. Hier treten zwei Arten von Problemen auf: Einerseits werden interne Gelder vergeudet, wenn mehr Lizenzen vorhanden sind, als eigentlich gebraucht werden. Andererseits führen Software-Installationen, die die Anzahl der Lizenzen übersteigen bei einer Überprüfung durch Behörden zu meist empfindlichen Bußgeldern. Daher ist schon bei der Beschaffung darauf zu achten, dass der Erwerb von Lizenzen exakt geplant und durchgeführt wird.

Die Nutzung der Lizenzen muss auch im täglichen Betrieb immer wieder dahingehend überprüft werden, ob genügend Lizenzen vorhanden sind oder aber ob Lizenzen ungenutzt bleiben. Unterstützend wirken Tools mit Metering-Funktion. Sie überprüfen ständig die Auslastung der Lizenzen und bilden so das Lizenzverhalten im Unternehmen in Echtzeit ab. Möglichen Lizenzüber- oder unterschreitungen kann mit einer alarmierenden Funktion entgegen gewirkt werden. [21]

3.2.4 Vertragsmanagement

Eine gute Datenbasis gibt dem Unternehmen auch eine gute Ausgangposition hinsichtlich Vertragsverhandlungen (z.B. Miet-, Leasing- oder Kaufverträge). Mit einem geeigneten System kann verglichen werden, ob der veranschlagte Aufwand des Lieferanten mit den tatsächlichen Kosten übereinstimmt. Für anstehende Verhandlungen ist dies insoweit ein wichtiger Vorteil. Auch hier kann im Übrigen ein Einsparpotenzial erkannt werden. Eine IT-Asset-Management-Lösung überwacht die Budgetplanung und kontrolliert ständig den Verlauf der Ist-Kosten, sodass die Kosten nicht ausufern. Unterstützend wirkt das System zudem bei der Überwachung

---

[21] vgl. Chae, Asset Management 1

und Erinnerung an Rechnungszahlungen, ob der IT-Asset im Schadensfall noch einer Garantie unterliegt oder ob die Nutzung der Softwarepakete noch mit der Einhaltung der vertraglichen Pflichten übereinstimmt. [22]

3.2.5 Störungs- und Wartungsmanagement

Die Aufgabe des Störungs- und Wartungsmanagement ist es, den laufenden Betrieb in der Unternehmung möglichst ungestört zu halten. Auftretende Störungen können mit einem Datenbestand über die IT-Infrastruktur schnell behoben werden, weil Techniker und Help-Desk-Mitarbeiter die störenden Einheiten mittels der Datenbank schneller identifizieren können. Eine optimale Datenbasis kann dahingehend unterstützend wirken, dass Störungen im Vorfeld vermieden werden. Durch systematische Planungen vorbeugender Maßnahmen (z.B. Updates, Austausch defekter Hardware) werden Störungen im Arbeitsablauf der Nutzer minimal gehalten.[23]

Diese Aufgaben helfen außerdem dabei, die Kosten für Wartungen oder bei Störungen so klein wie möglich zu halten. Das Budget für die Wartung kann systematisch geplant und überprüft werden. Ziel dieser Funktion ist es demnach die Verfügbarkeit der IT-Infrastruktur so hoch wie möglich zu halten, allerdings bei minimalen Kosten. Ein IT-Asset-Management-System wirkt hier unterstützend.

3.2.6 Change Management

Ohne eine geeignete Datenbasis geht der Überblick über den IT-Bestand schnell verloren. Nur ein aktueller und exakter Datenbestand über die IT-Assets erfüllt ihren Zweck. Man geht davon aus, dass ab einem falschen Datenbestand von mehr als 25 Prozent der gesamte Bestand wertlos geworden ist. [24]

Veränderungen an Geräten oder im Software-Bestand müssen kontrolliert und anschließend dokumentiert werden. Wichtig ist in diesem Fall erneut eine gute Datenbasis, die schon beim Erfassen des Bestandes beginnt. Über jede Phase im IT-Asset-Lebenszyklus sind Änderungen möglich. Dies beginnt bei Vertragskonditionen oder Software-Lizenzen, über Gerätewechsel oder -tausch bis hin zu neuen

---

[22] vgl. Chae, Asset Management 1
[23] vgl. Chae, Asset Management 2
[24] vgl. Wurm, Asset-Management

Zuordnungen der Software-Installationen zu Geräten. Die IT-Asset-Management-Lösung kann zudem die Arbeit der Help-Desk-Mitarbeiter effizienter gestalten, wenn diese sofort bei Störungen wissen, welche Änderungen an dieser Einheit vorgenommen wurden. [25]

3.2.7 Finanzmanagement

Schon des öfteren wurde in den obigen Erläuterungen davon gesprochen, dass Kosten gesenkt werden können und somit die Effektivität der IT-Infrastruktur erhöht wird. In jeder Phase eines IT-Asset-Lebenszyklus ist daher ein Finanzmanagement zu implementieren. Somit kann über den gesamten Lebenszyklus die Kosten für IT-Assets kontrolliert und gegebenenfalls gegengesteuert werden. Die Einhaltung eines geplanten Budgets bzw. die Gewinnung von Einsparpotenzialen stehen hier an oberster Stelle. Aber auch die exakte Erfassung der Kosten für Hard- und Software ist für die Anlagenbuchhaltung wichtig. Hier kann ein IT-Asset-Management-System ein exaktes Abbild der IT-Assets und möglicher Kostentreiber liefern. [26]

[25] vgl. Chae, Asset Management 1
[26] vgl. Express Metrix White Paper

4 Einführung des IT-Asset-Management

Um die in Kapitel 3 beschriebenen Zielsetzungen und Aufgaben eines IT-Asset-Management-Systems nutzen zu können, muss dieses zuerst einmal eingeführt werden. Wie dies vonstatten gehen kann, soll das folgende Kapitel zeigen. Daran anschließend folgt eine Darstellung der Problembereiche, die mit dieser Einführung auftreten können. Schließlich schätzt Bernhard Wurm, Senior Consultant der CIO Management, dass in Einführungs-Projekten 80 Prozent der Ziele zumindest teilweise verfehlt wurden und etwas ein Drittel aller Projekte als gescheitert einzustufen sind. [27] Einige seiner Beobachtungen von Stolpersteinen sollen daher erläutert werden.

4.1 Planung und Umsetzung der Einführung des IT-Asset-Management

Das IT-Asset-Management ist ein Zusammenspiel mehrerer Prozesse und Aufgaben. Über die Verfolgung der IT-Assets, der Beobachtung der Nutzung von IT-Assets bis zur Informationsbereitstellung bietet diese Management-Lösung eine Reihe von Tools rund um die IT-Assets. [28] Aber wie genau sollte so ein System aussehen? Was muss bei der Einführung eines solchen Systems beachtet werden?

Ein grundsätzlich vorgegebenes Schema für die verschiedenen Schritte hin zur erfolgreichen Implementierung ist schwierig. Schließlich spielen viele Faktoren in diese Überlegungen ein: Welchen Umfang hat die IT-Infrastruktur? Wie groß ist die Abhängigkeit des Arbeitsablaufes von der Verfügbarkeit der IT-Assets? Gibt es schon bestehende Datenbanken?

An erster Stelle sollte man sich bewusst sein, ob es sich überhaupt lohnt, eine Software zur Verwaltung der IT-Assets zu implementieren. Schließlich kann eine Software, speziell wenn sie maßgeschneidert wird, einige tausend Euro kosten. Wenn das Einsparpotenzial unter dem Preis für die Anschaffung und den Betrieb liegt, kann sich die Einführung einer solchen Software schnell zu einem Minusgeschäft entwickeln. Ab einer gewissen Größe der IT-Einheiten lohnt sich also diese Anschaffung, die Grenze ist allerdings fließend.

---

[27] vgl. Wurm, Asset-Management
[28] vgl. Express Metrix White Paper

Kern der Einführung einer IT-Asset-Management-Lösung ist nun die Inventarisierung der vorhandenen IT-Assets. [29] Sorgfältig muss die Strategie für die Inventarisierung geplant werden. Da wäre zum einen der Detaillierungsgrad der Liste. Der Informationsgehalt der Datenbank hängt vom Level der Inventarisierung ab. Zum anderen muss geplant werden, welche Daten aufgenommen werden sollen. Das spätere Reporting sollte nicht nur technische Daten enthalten, sondern unter anderem Laufzeiten von Software-Lizenzen, Garantiezeiten aber auch Kosten. Eine Einteilung in Nutzungsdaten, Daten für den Help Desk, vertragstechnische Daten und Besitz-Daten wäre sinnvoll. [30] Die Einteilung ist nachfolgend in der Abbildung visualisiert.

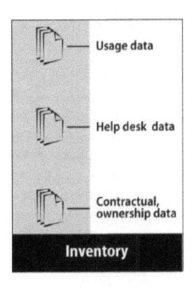

Abbildung 3: Eine mögliche Einteilung der Inventarisierungs-Daten [31]

Eng verknüpft mit der Inventarisierung ist die Erstellung einer Datenbasis für die IT-Assets. Die Datenbasis muss gut strukturiert sein und Änderungen oder Aktualisierungen schnell aufnehmen können. Beachtet werden muss hier die Verschiedenartigkeit der IT-Assets: Für die Hardware von PCs wird zum Beispiel die Ausstattung benötigt (wie z.B. die Größe des RAM oder die Prozessor-Taktung) oder

---

[29] vgl. Express Metrix White Paper
[30] vgl. Express Metrix White Paper
[31] vgl. Express Metrix White Paper

ergänzende Informationen wie Herstellername und das Kaufdatum, für die Software beispielsweise die Version oder die Laufzeit der Lizenz. [32]

Nach der Erfassung der IT-Assets und der Etablierung der Datenbank ist die Datenanalyse und den daraus resultierenden Konsequenzen durchzuführen. Dies kann teilweise zu erstaunlichen Ergebnisse führen, wie ein Kunde der Firma Hewlett Packard erfahren musste. Dieser Kunde kalkulierte vor der Einführung mit einem Bestand von 700 PCs, musste aber nach der Einführung feststellen, dass der Bestand bei 1.200 PCs liegt. [33] Diese Analyse ist also wichtig, um festzustellen, ob der Bestand zu hoch ist, Software-Lizenzen brach liegen oder aber, wo eventuell ein Nachholbedarf nötig ist. Alle diese Beispiele tragen zur einer erhöhten Effizienz der IT-Infrastruktur bei und erhöhen somit den ROI der IT-Assets.

Alle diese Aufgaben bei der Einführung eines solchen Systems sollten zudem nicht in der Hand einer einzigen Person liegen, sondern auf mehrere Schultern verteilt werden. Möglichst sollten alle Abteilungen in ein Team aufgenommen werden, um festzustellen, welche Daten benötigt werden und in der Folge, welche IT-Assets in den Abteilungen vorhanden sind. Dieses Team legt den Detaillierungsgrad der Festlegung von Attributen der IT-Assets fest und muss einen Plan zur Projektdauer aufstellen sowie messbare Ziele festlegen. Auch die Zeit nach der Einführung muss bereits in der Planungsphase festgelegt werden. Welche Architektur hat das IT-Asset-Management nach der Einführung: Wer pflegt den Bestand, wer ist zuständig für die Erfassung der Neuanschaffungen und Reportings? Oder soll diese Aufgabe möglichst automatisch durch eine Software erledigt werden, die dann auch entsprechend mehr kostet? [34]

Viele Punkte können nicht standardisiert werden. Daher ist es möglich, dass auch Fehler bereits in der Planungs- als auch in der Einführungsphase auftreten können. Problembereiche der Einführung sollen im nun folgenden Kapitel erläutert werden.

---

[32] vgl. Chae, Asset Management 2
[33] vgl. Chae, Asset Management 2
[34] vgl. Express Metrix White Paper

4.2 Problembereiche in IT-Asset-Management-Projekten

Bernhard Wurm, Senior Consultant der CIO Management, hat sich intensiv mit dem Thema Asset-Management befasst und hat einige Problembereiche aktueller Einführungsprojekte gesammelt. Diese werden nachstehend erläutert. [35]

Schon in der Definition des Themas tauchen in verschiedenen Projekten unterschiedliche Betrachtungen auf: Einmal werden nur die Teilbereiche des IT-Asset-Management definiert (z.b. der logistische Prozess der Beschaffung), ein anderes Mal wird der Begriff zu weit gefasst, wie z.b. das Management von Hard- und Software als auch das Management der Daten. Dabei geht es nur um die Informationen über die IT-Objekte, nicht die Objekte selber!

Ein weiteres Kriterium für das Scheitern dieser Projekte sind die überzogenen Anforderungen über die zu erfassenden Daten über die IT-Objekte. Der Detaillierungsgrad der IT-Assets sollte nur so hoch sein, dass er auch einen Nutzen für spätere Auswertungen darstellt. Unnütze Daten blähen zudem die Datenbank auf und reduzieren später die Antwortzeit bei Auswertungen. Ein hilfreiches Werkzeug ist hier die Gliederung der IT-Assets in Configuration Items (CI). Die CIs auf dem obersten Level werden in den darunter liegenden Stufen in seine IT-Komponenten immer weiter aufgeteilt.

Forderungen nach einer Integration des Systems in andere Systeme belasten den Erfolg des Projektes. Nicht unbedingt nötige Integrationen der IT-Asset-Management-Lösung an bestehende Systeme verlängern die Projektdauer nur unnötig und kann bei späteren Problemen der Integration zu einem nicht unerheblichen Aufwand führen. Wurm führt in seiner Schrift als Beispiel die Integration der Daten an ein bestehendes ERP-System an. Er stellt aber die Frage nach dem Sinn dieser Integration, wo doch die Anlagenbuchhaltung nicht zwingend die IP-Adresse des Rechners benötigt, sondern vielmehr nur den Asset als Anlagegut zu buchen hat. Dennoch hält er eine Integration in dem Sinne sinnvoll, dass ein einheitlicher Datenschlüssel gepflegt wird, um im Bedarfsfall die Informationen kombinieren zu können. [36] Dass dies allerdings ebenso ein erheblicher Aufwand bedeutet, darf nicht unerwähnt bleiben. Daher muss man sich

---

[35] vgl. Wurm, Asset-Management
[36] vgl. Wurm, Asset-Management

im Vorfeld über eine Integration bestehender Systeme oder der Pflege eines einheitlichen Datenschlüssels im Klaren sein.

Mangelnde Datenqualität stellt einen weiteren Fallstrick dar. Ab einer Pflegequalität von weniger als 75 Prozent ist das ganze System unbrauchbar. Daher ist es wichtig von vornherein festzulegen, wie die Datenpflege geregelt wird und in welchem Umfang. Dieser Punkt hängt stark mit dem oben erwähnten Punkt der überzogenen Anforderungen zusammen. Nach der Devise „Keine Information ohne Nutzen" ist stets auch zu prüfen, wie aufwändig es ist, diese Daten aktuell zu halten oder ob aus Kostengründen darauf verzichtet werden kann.

Zu guter Letzt stellt auch die Diskussion über Verantwortlichkeiten ein k.o.-Kriterium dar. Während die einen argumentieren, dass dafür die IT-Abteilung zuständig ist, obwohl alle Bereiche von diesem Projekt profitieren, meinen die anderen, sie hätten schon ihre eigene Datenbank und es sei deshalb nicht nötig, ein neues System einzuführen. Wichtig ist es daher, die Unternehmensleitung von dem Nutzen eines einheitlichen Systems zu überzeugen und in jeder Phase Rückhalt für dieses Projekt zu bekommen. Als eine gute Lösung nennt Wurm die Ernennung eines externen Projektleiters, der mit Abteilungskämpfen nichts zu tun hat. [37]

---

[37] vgl. Wurm, Asset-Management

5   Ein Software-Konzept zum Thema IT-Asset-Management

Ein konkretes Konzept einer Software, die das IT-Asset-Management unterstützt, gibt es aufgrund der vielfältigen Möglichkeiten und heterogenen IT-Infrastrukturen nicht. Außerdem gibt das ITIL kein konkretes Kochrezept vor, das die Grundlage für das IT-Asset-Management darstellt. Zudem können Software-Lösungen auch in Teillösungen angeboten werden: Es kann zum einen nur die Funktionalität des Asset-Discovery oder aber andererseits nur die Struktur der Datenbasis verkauft werden. Daher soll nachfolgend ein Konzept der Firma HAITEC AG vorgestellt werden, dessen Tochter HAITEC Services GmbH München für die Umsetzung von Konzepten zuständig ist (vgl. http://www.haitec.de/HAISite/haisite.nsf/ContentByKey/EMXH-5GQGHY-DE-p).

HAITEC lockt ihre Kunden mit den Vorteilen ihrer Software-Lösung: Transparenz und Flexibilität, Konzentration auf das Kerngeschäft, Kostenreduzierung, Steigerung der Effektivität und Optimierung der Ressourcen.

Abbildung 4: Das Leistungspaket zum IT-Asset-Management der Firma HAITEC

HAITEC geht hiermit konkret auf die bereits aufgeführten Vorteile einer IT-Asset-Management-Lösung ein: Der Kunde erwartet eine Reduzierung des TCO, eine Erhöhung der Qualität, will sich aber gleichzeitig auf sein Kundengeschäft konzentrieren und damit die IT-Assets-Verwaltung so effizient wie möglich gestalten. HAITEC deckt mit seiner Software die erwähnten Management-Funktion ab. Als eigenständigen Punkt führt HAITEC in seiner Beschreibung der Komplettlösung das Finanzierungskonzept an. Vor allem im Hinblick auf die neuen Regelung zur Kreditvergabe (Basel II) bietet HAITEC in Zusammenarbeit mit der ARTEMIS

ADVISORY SERVICES GMBH ein auf das Unternehmen abgestimmtes Finanzierungskonzept an. Schließlich sind die Unternehmen im Hinblick auf die Ausstattung mit IT-Equipment häufig auf Fremdkapital angewiesen.

Der Markt für IT-Asset-Management-Systeme ist sehr unübersichtlich. Marktführer in diesem Bereich haben sich dennoch heraus kristallisiert. Als Anbieter von Teillösungen haben sich zum Beispiel in den USA Firmen wie Intel, Hewlett Packard und Seagate Software etabliert. Peregrine Systems, Bendata, Tangram Enterprise Solutions und Janus Technologies haben sich in den USA als Anbieter von Komplettlösungen bewährt. [38]

Wie diese Software konkret aussehen kann, soll die folgende Abbildung zeigen. Sie zeigt einen Screenshot der Lösung der Firma ALTIRIS.

Abbildung 5: Screenshot der Asset Management Suite von Altiris [39]

---

[38] vgl. Chae, Asset Management 2
[39] vgl. http://www.altiris.com/products/assetmgmt/index.asp

6 Fazit

Das IT-Asset-Management ist nicht bloß das Verwalten der IT-Assets, es geht noch darüber hinaus. Der gesamte Lebenszyklus von der Anforderung bis zur Entsorgung wird von dem System begleitet. Die zu bewältigenden Aufgaben sind vielfältig. Das Konfigurationsmanagement stellt in diesem Sinne das Kernstück des IT-Asset-Management dar, weil nur mit einer exakten Datenbasis der Erfolg der Umsetzung garantiert ist. Aber auch die Beschaffung, die Überwachung der Lizenzen und Verträge und das Wartungs- sowie Change Management runden das Bild ab.

Das Oberziel sollte dabei nie aus den Augen verloren werden: Die Verwaltung der IT-Assets so kostengünstig wie möglich zu gestalten. Und dieses Ziel wird in den kommenden Jahren und Jahrzehnten einen immer höheren Stellenwert einnehmen. Mehr und mehr werden Prozesse elektronisch unterstützt oder komplett ausgelagert, werden Umsätze über Netzwerke getätigt. Dementsprechend werden sich die Ausgaben für das IT-Equipment in den Unternehmen erhöhen und damit auch ein wichtiger Wettbewerbsfaktor. Eine gute und exakte Lösung zur Verwaltung und kaufmännischen Analyse der IT-Assets wird daher an Bedeutung gewinnen.

Die wichtige Vorraussetzung für den Erfolg einer IT-Asset-Management-Lösung ist die Planung und Umsetzung einer exakten Datenbasis. Genauso wie in einer Bibliothek ein exaktes Archivierungssystem zum Auffinden der Bücher notwendig ist, so ist die Aufrechterhaltung der Genauigkeit der Datenbasis wichtig. Ab einer Pflegequalität von 75 Prozent ist die Datenbank unbrauchbar und somit auch das ganze System. Doch welche Daten sollen gespeichert werden, welchen Detaillierungsgrad sollte man anstreben?

Generell gilt der Grundsatz: „So viel wie nötig, aber so wenig wie möglich."

Ist der Detaillierungsrad zu grob gewählt, gehen wichtige Informationen verloren und einzelne Management-Funktionen unbrauchbar werden. Der Vorteil hierbei ist allerdings, dass die Planungsphase einer IT-Asset-Management-Lösung und der spätere Pflegeaufwand relativ gering ist. Demgegenüber führt eine zu feiner Detaillierungsrad schon zum Scheitern des Projektes. Der Nutzen für die nicht genutzten Daten tendiert gegen Null, während der Aufwand für die Erstellung der Datenbank und die zusätzliche

Pflege hohe Kosten verursachen kann. Ein hoher ROI wird in diesem Fall nicht erreicht und in der Folge der Nutzen des IT-Asset-Management nicht sichtbar. Wichtig ist es schon im Vorfeld auszuloten, ob eine Lösung überhaupt gebraucht wird, oder ob die Umsetzung eines Systems den Nutzen aufheben würde. Erst dann kann man sich Gedanken über die Struktur der Datenbank und ein Konzept für dessen Pflege machen.

Dennoch gibt es gerade im Bereich der IT-Assets in vielen Unternehmen ein enormes Einsparpotenzial. Eine vernünftige Datenbasis vorausgesetzt ermöglicht das IT-Asset-Management das Aufspüren redundanter und unnötiger IT-Assets in den Bereichen Hard- und Software. Mit der Erfassung von Lizenzen und Verträgen gibt das IT-Asset-Management den Unternehmern zudem ein hilfreiches Werkzeug für Verhandlungen bezüglich Software- und Vertragskäufen gegenüber Lieferanten.

Zusammenfassend ist zu sagen, dass das IT-Asset-Management einen Zukunftsmarkt darstellt. Die Ausgaben für die IT-Infrastruktur werden steigen, eine effiziente Verwaltung der IT-Assets wird daher ein Wettbewerbsvorteil. Die vielfältigen Aufgaben erhöhen zudem den Mehrwert einer Software-Lösung. Insbesondere in Deutschland ist mit einer stark steigenden Nachfrage zu rechnen. Wie eine Studie schließlich gezeigt hat, verwalten 51 Prozent der Unternehmen ihre Leistungs-verrechnung der IT-Assets noch immer in Excel-Listen.

Anlage 1: Abbildungsverzeichnis

Anlage 2: Abkürzungsverzeichnis

CCTA   Central Computer & Telecommunications Agency

CI   Configuration Item

CRM   Customer Relationship Management

DVD   Digital Versatile Disc

IT   Informationstechnologie

IKT   Informations- und Kommunikationstechnologie

ITIL   Information Technology Infrastructure Library

RAM   Random Access Memory

ROI   Return on Investement

ROM   Read Only Memory

SCM   Supply Chain Management

TCO   Total Cost of Ownership

Anlage 3: Literaturverzeichnis

Chae, Lee: [Asset Management 1]
Asset Management, Part One, in: Network Magazine 05/1998, URL:
http://www.networkmagazine.com/article/NMG20000726S0004, 13.06.2004

Chae, Lee: [Asset Management 2]
Asset Management, Part Two, in: Network Magazine 07/1998, URL:
http://www.networkmagazine.com/article/NMG20000726S0005, 15.06.2004

Gernert, Christiane / Ahrend, Norbert: [IT-Management]
IT-Management: System statt Chaos, 1. Auflage, München u.a. 2001

Gora, Walter / Schulz-Wolfgramm, Cornelius: [Informations Management]:
Informations Management – Handbuch für die Praxis, Berlin u.a. 2003

Greutmann, Thomas: [Asset Management]
Erfassung der TCO durch IT Asset Management, in: IT Focus 11/2002, S. 26 ff.

o.V.: [Express Metrix White Paper]
Express Metrix White Paper: Getting the Most from Your IT Infrastructure – Using IT
Asset Management,
URL: http://www.expressmetrix.com/main/wp_asset_mgmt.asp , 09.06.2004

McCarrell, Pat: [Business Journal]
In Depth: Fastest-Growing Private Companies, in: Business Journal vom 30.10.1998,
URL: http://www.bizjournals.com/seattle/stories/1998/11/02/focus8.html?page=2,
15.06.2004

Siepe, Christine / Rüdiger, Ariane: [ITIL strukturiert Prozesse]
ITIL strukturiert Prozesse, in: InformationWeek – Staat & IT vom 19.05.2004, URL:
http://www.informationweek.de/index.php3?/channels/channel40/040914.htm,
16.06.2004

Varughese, Roy T.: [IT-Management]
Handbuch IT-Management, 1. Auflage, Bonn 1998

Wurm, Bernhard: [Asset-Management]
Asset-Management – Albtraum der IT?,URL: http://www.computerwoche.de
/index.cfm?pageid=256&artid=35216&type=detail&category=162, 15.06.2004

www.ingramcontent.com/pod-product-compliance
Lightning Source LLC
La Vergne TN
LVHW042310060326
832902LV00009B/1399